Texte de
SYLVAIN RIVIÈRE

Illustrations de
JOCELYNE BOUCHARD

Les animots de A à Z

La Grande Marée

Aa
alpaga

L'Alpaga est un cousin
Du Lama son proche voisin
Vivant dans les cordillères
À l'orée de l'atmosphère

Cet animal domestique
Reconnu pour sa fourrure
Longue, laineuse et rustique
Promène sa fière allure

L'Alpaga vit en troupeau
Dans les Andes boliviennes
En broutant les hauts-plateaux
Où les montagnes font la chaîne

Il déambule sans malice
Là où vivent les Indiens
Un œil sur la nuit qui tisse
Un poncho couleur destin

B b
baleine

Ce grand mammifère marin
Roi de tous les cétacés
Est un géant fort rusé
Naviguant vers son destin

Le Béluga, le Narval
Le grand Cachalot, la Franche
La Grise, le petit Rorqual
La grande Bleue et la Blanche

La Boréale aux yeux creux
Celle à bosse, à grande queue
Sont autant d'appellations
Pour la nommer par son nom

Elle se nourrit de plancton
Qu'elle retient dans ses fanions
Il faut bien la protéger
Son espèce est menacée

Cc
crocodile

De l'ordre des crocodiliens
Il descend de l'amphibien
Pareil à l'alligator
Et du caïman bien fort

Reptile aux grandes mâchoires
Il fait souvent peur à voir
Avalant oiseaux, poissons
Êtres humains à l'occasion

Il vit très bien dans l'eau
Adore les climats tropicaux
Et quand il pousse son cri
On peut dire qu'il vagit

Il se chauffe au soleil
Comme un touriste qui lézarde
Prends garde si tu sommeilles
Le Carnivore monte la garde

Dd
dauphin

Plus petit des cétacés
Au corps en forme de poisson
Il adore jouer, sauter
Hors de l'eau en toute saison

Il vit en société
En émettant mille sons
Sachant aussi se porter
À l'aide d'un compagnon

Vif et très intelligent
C'est un nageur fort rapide
Qui aime rire en tout temps
Sa présence nous déride

On en trouve dans les cirques
À faire tourner des ballons
Bien qu'il préfère les criques
La liberté c'est si bon

Ee
éléphant

Le fort Éléphant d'Afrique
Plus grand animal terrestre
Vit de façon fort modeste
En région semi-désertique

C'est un être fort sociable
Qui adore vivre en troupeau
Et quand il passe à table
C'est pour se nourrir de rameaux

De feuilles, de fruits, de racines
Qu'il arrose de sa trompe
D'une soif qu'on devine
Et qui jamais ne s'estompe

Ce géant est herbivore
Vit aussi en Inde, en Asie
Et soudain quand il barrit
Malheur à celui qui dort

F f

fennec

Il s'agit du plus petit
Des renards du Sahara
Avec ses oreilles qui plient
Sans manière quelquefois

Son pelage a la couleur
Des grandes dunes du désert
Lui qui chasse aussi la peur
En courant devant la lune

Il se nourrit de scorpions
De lézards et de rongeurs
De baies sauvages en saison
Et d'oiseaux dégustateurs

Dans sa demeure souterraine
Garnie de feuilles et de poils
Il trouve enfin le sommeil
Entouré de ceux qu'il aime

Gg
girafe

Pour la prendre par le cou
Il faudrait être un hibou
Tant elle est géante et fière
Galopant à sa manière

Grand mammifère ruminant
D'Afrique au pelage fauve
Elle dévale et se sauve
De l'être humain trop présent

Elle habite les savanes
Parsemées de hauts buissons
Nourrissant de fruits qu'elle glane
Ses girafeaux, girafons

De coloration uniforme
Elle porte aussi des cornes
Du troupeau elle est adepte
Lorsqu'elle parcourt les steppes

Hh
hyène

On en dénombre trois sortes
Rayée, brune et tachetée
Si elle passe à votre porte
Allez vite vous cacher

Elle vit surtout en Afrique
En Inde, au Moyen-Orient
Au Sahara sous le vent
Où elle promène sa clique

Elle se nourrit de charognes
Hurle en poussant son cri
Dont l'écho parfois résonne
Du plus profond de l'Asie

Pendant toute la journée
Ce vigoureux carnassier
Se cache dans son terrier
Et la nuit il part chasser

Ii
iguane

L'Iguane des Galapagos
Se nourrit d'algues marines
Plongeant quand la mer se repose
Au gré du reflux il dîne

C'est un merveilleux nageur
Grâce à sa queue vigoureuse
Couverte d'une crête épineuse
Du dos jusqu'aux profondeurs

Les jeunes qui sont vert vif
Herbivores de père en fils
Se défendent avec leurs dents
Leurs griffes et leur gros bon sens

Les femelles pondent leurs œufs
Dans un trou sur le rivage
Trois mois plus tard les heureux
Bébés montrent leurs visages

J j
jaguar

Le Jaguar est redoutable
C'est un félin affamé
Qu'on n'invite point à sa table
Pour ne pas se faire bouffer

S'il ressemble à la panthère
Il est beaucoup plus puissant
Rien qu'à regarder ses dents
On voit qu'il est sans manière

Il grimpe aussi aux arbres
Pour mieux repérer ses proies
En y demeurant de marbre
Autant de temps qu'il faudra

Solitaire et carnassier
Il se nourrit de ratons
De loutres et de cervidés
De pécari son préféré
De caïmans et de poissons

K k

koala

On dirait un ours en peluche
Tellement il est mignon
Avec ses grands yeux tout ronds
C'est sûrement le plus illustre

Des animaux d'Australie
Ce mammifère grimpeur
Qui passe toute sa vie
Dans les arbres en hauteur

Se nourrissant exclusivement
De feuilles d'eucalyptus
De bourgeons et de grand vent
Il ne lui en faut pas plus

Toute la journée il dort
Au crépuscule il rejoint
Les ramures sans effort
Où il saute et déambule

Ll
loup

C'est un des plus mal aimés
Des animaux de la terre
Tellement on l'a affublé
De sornettes et de mystères

Pourtant fort intelligent
C'est en meute qu'il se déplace
On en trouve plusieurs races
Sur autant de continents

On le dit aussi cousin
Et ancêtre du chien
Mais il faut remonter loin
Pour en tisser tous les liens

S'il est dans la bergerie
Attention à vos moutons
À tout ce qui bouge et vit
Car c'est un bien grand glouton

Mm
mangouste

Ce tout petit mammifère
Carnassier fort élancé
Grand amateur de cobra
Se retrouve au Sri Lanka

En Inde et en Birmanie
En Afrique et en Asie
Fouillant le sol fissuré
La steppe et même les rochers

Il vit toujours en famille
Se nourrissant d'œufs d'oiseaux
De serpents qu'il bousille
Le temps de crier ciseau

On en compte trente-sept espèces
De cet animal terrestre
Qui chasse aussi les insectes
Et les scorpions qu'il dissèque

Nn
narval

Cétacé d'Arctique fier
Appelé licorne de mer
À cause de sa longue dent
Que porte le mâle fièrement

Sur la mâchoire supérieure
Dont il se sert pour lutter
Avec les plus querelleurs
Qui sont souvent sans pitié

Grand plongeur des profondeurs
Il vit en société
Se nourrit de crustacés
De mollusques et de noirceur

De crevettes aussi de crabes
Sans jamais se mettre à table
S'il est gris-bleu de naissance
Il brunit quand l'âge avance

Oo
ours

Il y en a des bruns, des noirs
À lunettes, des cocotiers
Du Kodiak à l'ours polaire
Il y a celui à collier

Qui vit en Sibérie
Dans la taïga transie
Le seul qui n'hiberne pas
Il aime trop se garder gras

L'ours blanc des régions arctiques
Mène une vie aquatique
Se nourrissant de poissons
Qu'il pêche entre les glaçons

L'ours brun le plus solitaire
Préfère le miel à l'hiver
C'est pourquoi dans sa tanière
Il dort une saison entière

P p
panda

Le panda ressemble à l'ours
Avec tête et pattes épaisses
Lui qui se nourrit de pousses
De bambou bien à son aise

Il aime les végétaux
Et les petits animaux
Adore vivre en solitaire
Chacun fait à sa manière

Quant au plus petit panda
Il a plutôt l'air d'un chat
Mange des feuilles et des fruits
Leur famille est désunie

Avec ses grands airs moqueurs
Il a l'air d'un raton laveur
Chassant uniquement la nuit
L'oiseau, la fleur, la souris

Qq
quetzal

Le quetzal est un oiseau
Vautour sacré des Aztèques
Qui habitait le Mexique
En des temps qu'on dit jadis

Ses plumes valaient de l'or
Nul ne devait le tuer
Sans être condamné à mort
Tous devaient le vénérer

Tel un Dieu tout puissant
Quetzalcoatl en légende
Était à plumes un serpent
Méritant des offrandes

Il niche sous les tropiques
Du Mexique au Panama
Où il survole les pics
En faisant toujours la loi

Rr
rhinocéros

Le rhinocéros noir
Que parfois aussi on nomme
Rhinocéros à deux cornes
Vit seul sur son territoire

Par contre au temps des amours
Il se cherche une compagne
En faisant vite le tour
Des buissons et des montagnes

Il se nourrit d'arbres nains
Aime se rouler dans la boue
Après l'éléphant il vient
Sa taille est juste en dessous

Il a ses sentiers battus
Le jour à l'ombre des arbres
Il reste souvent de marbre
Pareil à un vieux bourru

S s

salamandre

Elle se tient dans les feuillus
Au beau milieu des forêts
Près des ruisseaux parcourus
Par l'eau claire à souhait

Le jour elle aime rêver
Blottie dans la mousse humide
Ou sous les pierres cachée
La rendant moins timide

Le soir venu elle chasse
Traquant lombrics et limaces
Insectes ou bien araignées
Qui lui passent sous le nez

Pendant l'hiver elle s'abrite
Dans les crevasses du sol
Au plus profond des rigoles
Le printemps elle ressuscite

T t

tigre

C'est le plus grand des félins
Affichant un corps musclé
Parcouru par des dessins
Noirs sur sa peau orangée

Il est nocturne et farouche
Solitaire et bon voisin
Aux arbres il grimpe très bien
Sans faire la fine bouche

Si au sol il déplace
Toute la grâce de sa race
À la chasse cependant
Il galope rapidement

Pour attraper les cochons
Sauvages et les buffles
Que lui révèle sa truffe
Nourrissant ses ambitions

Uu
unau

Ce bien drôle de zigoto
Est un grand singe didactyle
Paresseux est le vrai mot
Le rendant plus immobile

Lui passe sa vie durant
Suspendu sous les branches
Par ses membres obéissants
Dans des positions étranges

Il mange, dort et met bas
Sur le dos de sa raison
Sans se poser de questions
Bien accroché par les doigts

Aussi lent dans ses mouvements
Que rapide à se défendre
L'unau s'agrippe solidement
À son histoire, sa légende

V v
varan

Le Varan est un reptile
Habitant de l'Ancien monde
Lézard à la peau qui brille
Agitant une queue très longue

Il est robuste et puissant
Ovipare et carnivore
De mammifères se nourrissant
Ou de reptiles qu'il dévore

Il nage à la perfection
Escalade aussi les arbres
En cascadeur fanfaron
Rêvant d'écrire la fable

Il creuse dans la berge
Son habitat terrestre
À la recherche d'insectes
Dont il fait grande réserve

W w
wapiti

Du sud-ouest du Canada
Jusqu'au Nouveau-Mexique
Ce gibier caractéristique
Est connu à haute voix

Ce robuste cervidé
En de trop nombreux endroits
A été exterminé
Et chassé sans foi ni loi

Dans les forêts de montagnes
Il redescend en hiver
Le cœur des vallées il gagne
En protégeant ses arrières

En automne, les cerfs se battent
Pour gagner le cœur des biches
Prenant possession des hardes
Qu'il mène au cœur des friches

Xx
xérus

Le Xérus eythropu
Écureuil fouisseur d'Afrique
Est un rongeur sympathique
Riche de mille astuces

Son pelage rêche et lisse
Presque dépourvu de poils
Le dénude d'artifice
D'une manière proverbiale

Il habite dans des terriers
Qu'il creuse de ses pattes
Où il entasse les baies
Et les graines qu'il attrape

Il accueille en amoureux
Par un généreux baiser
Ceux qui entrent dans son jeu
D'un coup de queue bien placé

Y y
yack

C'est dans l'ouest de la Chine
Sur le plateau tibétain
Qu'on le retrouve anonyme
Au Cachemire pour certains

À l'origine les yacks
Étaient fort nombreux partout
Mais de chasse en attaque
La persécution tue tout

Aujourd'hui dans les toundras
Au cœur des déserts glacés
Il lance ses vérités
À celui qui l'entendra

Couvert d'une épaisse toison
D'une couleur brun mulâtre
Il réchauffe les discussions
Sans pourtant croire aux miracles

Zz
zèbre

Ce mammifère ongulé
Très répandu autrefois
Dans le sud du Sahara
S'est aujourd'hui dispersé

Du Kenya en Somalie
Il aime la compagnie
Des gnous et des antilopes
Auprès de qui il galope

Sa silhouette arrondie
Et sa vue panoramique
Du Soudan à l'Éthiopie
Nous le rendent bien sympathique

Sa robe dessine des ombres
Variable selon l'espèce
En laisse plus d'un perplexe
Passant du noir au brun sombre

Les animots

de A à Z

Éléphant   Fennec   Girafe   Hyène

Narval   Ours   Panda   Quetzal   Rhinocéros

Wapiti   Xérus   Yack   Zèbre

L'éditeur désire remercier la Direction des arts du Nouveau-Brunswick pour l'aide financière à la publication de ce projet d'édition.

Il reconnaît également la contribution financière du gouvernement du Canada par l'entremise du Fonds du livre canadien (FLC) pour ses activités d'édition.

Texte : Sylvain Rivière
Illustrations : Jocelyne Bouchard
Graphisme : Lisa Lévesque
Correction et révison : Vanessa Thériault
Direction éditoriale : Jacques P. Ouellet

Distribution/diffusion : Prologue Inc. – Boisbriand, Québec

ISBN 978-2-349-72377-2

© La Grande Marée ltée, 2019
C.P. 3126, succ. rue Principale
Tracadie-Sheila (Nouveau-Brunswick)
E1X 1G5 Canada
Téléphone : 1 506 395-9436
Télécopieur : 1 506 395-9439
Courriel : jouellet@nbnet.nb.ca
Site Web : www.lagrandemaree.ca

Dépôt légal : 1er trimestre 2019, BNC, BNQ, CÉAAC

www.ingramcontent.com/pod-product-compliance
Lightning Source LLC
Chambersburg PA
CBHW061418090426
42743CB00026B/3494